CUADERNOS DE HIROSHIMA

EC

EDITORIAL CÁNTICO

COLECCIÓN · CULPABLES

DIRIGIDA POR RODRIGO GARCÍA MARINA

cantico.es · @canticoed

Suscríbete a nuestro blog en

Medium @canticoed

Editorial Cántico
Parque Logístico de Córdoba
Carretera de Palma del Río, km. 4
14005 Córdoba

Imagen de falsas guardas: No. 24: *Shionata*, de la serie Kisokaido rokujukyu tsugi no uchi de Utagawa Hiroshige

ISBN: 978-84-10288-66-9
Depósito legal: CO 464-2025

Impresión y encuadernación:
Imprenta Luque S.L.

JOSÉ TORO

CUADERNOS DE HIROSHIMA

EDITORIAL CÁNTICO
COLECCIÓN · CULPABLES

SOBRE EL AUTOR

José Toro (Córdoba,1981) es graduado en Ciencias de la Comunicación, Periodismo, por la Universidad Autonóma de Barcelona y ha ejercido como reportero fotográfico y redactor en diversos medios como La Vanguardia, ABC o El Ideal. Tras un largo periplo personal y profesional por distintas ciudades de España, se instala en Córdoba donde trabaja desde 2010 como profesor de Historia en Secundaria y Bachillerato. Fotógrafo, pintor y poeta, compagina su labor docente con exposiciones plásticas y la escritura. En 2023 publica su primer poemario, *Cruel amapola*, en la colección "Culpables" de Editorial Cántico. En 2025 publica su segundo libro, *Cuadernos de Hiroshima* en el mismo sello.

SOL QUIERO VERTE SALIR

POR RAÚL ALONSO

HAY LIBROS que nos encuentran como viajeros extraviados en una ciudad sórdida, con las manos vacías y los ojos llenos de polvo, y hay otros que nos buscan como el luminoso reclamo de un club en una noche fría, alumbrando rincones que no sabíamos que existían. *Cuadernos de Hiroshima* de José Toro pertenece a las dos estirpes, un poemario que no solo se despliega ante nosotros como un mapa de ciudades y cuerpos, sino que nos invita a habitarlo, a caminar sus calles desoladas y a tocarnos las heridas que deja el viaje. Escribo estas líneas desde el asombro y la complicidad, en una casa de campo al sur de Gredos donde el eco de Kyoto aún resuena en mi memoria, porque este libro no se limita a ser leído: se puede vivir.

Conocí a José Toro cuando me envió hace algunos años su primer libro: *Cruel amapola*. Ya entonces comprobé que su poética hablaba con una voz distinta de lo acostumbrado que desafiaba tanto la tradición como la ruptura. *Cuadernos de Hiroshima* es la continuación de esa personalidad literaria llena de extrañeza, un texto que se alza como una catedral de escombros, erigida sobre las ruinas de la memoria histórica, la identidad cultural y el deseo humano. En sus páginas, Hiroshima no es solo una ciudad marcada por la tragedia nuclear, sino un símbolo universal de la fragilidad y la capacidad destructiva que llevamos dentro, un eco de lo que Octavio Paz llamó en *El laberinto de la soledad* "la herida que no cicatriza". Toro toma ese eco y lo transforma en un canto visceral, un lamento que resuena en los *love hotels* de Shinjuku, en los bonsáis castrados de Kyoto y en los charcos de Tokio.

Influencias y contextos: un viajero entre generaciones

Para entender *Cuadernos de Hiroshima*, debemos situarlo en un linaje literario amplio y ecléctico. La sombra de la generación beat planea sobre estas páginas como un avión cargado de desilusiones. En el constante desplazamiento de sus voces poéticas —de Kyoto a Hiroshima, de Tokio al monte Fuji—, hallamos el eco de Jack Kerouac y su *On the Road* (1957), esa odisea americana que convirtió el viaje en una forma de resistencia y autodescubrimiento. Pero mientras Kerouac buscaba la libertad en las carreteras polvorientas de Estados Unidos, Toro la persigue en los trenes abarrotados y los neones de Japón, un país que, en su modernidad vertiginosa, sigue cargando el peso de su pasado imperial y atómico. "Conduzco / un auto sin fe / asciendo / con música acelerada / carretera Fujiyama" (XII), escribe Toro, y en esos versos late el pulso de un Kerouac desencantado, un viajero que no encuentra epifanías, sino preguntas sin respuesta.

Sin embargo, el poemario no se detiene en la estética beat. Hay en él un diálogo profundo con la nueva literatura japonesa contracultural, esa corriente que, desde los márgenes, ha desafiado las narrativas oficiales del progreso y la armonía. Autores como Kenzaburo Oe, con su exploración de la alienación en *Nuestra era* (1969), o Haruki Murakami, con su mezcla de realismo mágico y melancolía urbana en *Norwegian Wood* (1987), resuenan en la manera en que Toro desmitifica el Japón de las postales turísticas. Kyoto, en sus versos, no es la ciudad de los templos serenos, sino una “ciudad desolada” profanada por “turistas que pasean sin saber / distinguir un olivo de un cedro” (I). Aquí, Toro se alinea con la mirada crítica de Banana Yoshimoto, cuya obra *Kitchen* (1988) transforma los espacios cotidianos en escenarios de pérdida y deseo. Pero mientras Yoshimoto encuentra consuelo en lo doméstico, Toro lo busca en lo efímero: un encuentro sexual o un trago de sake bajo la lluvia de Shinjuku. “No hay nada que comprender en el viaje final / amar como Eguchi su más profunda visión” (XVII), escribe, evocando esa mezcla de ternura y desamparo que caracteriza su discurso. Sin embargo, Toro trasciende estas fronteras al incorporar un aliento cosmopolita, erudito, que dialoga con el infierno de Dante, Lorca y Kawabata, tejiendo una red intertextual que nutre cada poema.

El viaje como eje temático: físico, metafórico y existencial

El tema principal de *Cuadernos de Hiroshima* es el viaje, entendido no solo como un desplazamiento físico, sino como una experiencia metafórica y existencial. Las ciudades japonesas —Kyoto, Tokio, Hiroshima, Shinjuku— no son meros escenarios, sino espejos donde se reflejan la desconexión y el desarraigo de la modernidad globalizada. Toro convierte el turismo en una metáfora de la condición humana contemporánea: un acto de consumo frenético que, lejos de conectar, aísla. “El turismo es la consecuencia metafísica de la mortalidad” (XV), sentencia, y en esa línea condensa una crítica feroz a la superficialidad de nuestras peregrinaciones modernas. Los turistas de sus poemas, como los niños que “comen sándwiches fantaseando con la mar” (XV), son figuras trágicas, atrapadas entre el ansia de experiencia y la incapacidad de trascender lo banal.

Este énfasis en el movimiento perpetuo encuentra su contraparte en la memoria histórica, otro pilar del poemario. Hiroshima, como epicentro simbólico, no es solo un lugar, sino un recordatorio de la violencia inherente a nuestra especie. Toro no se regodea en el horror nuclear —Little Boy y Fat Man aparecen como presencias fantasmales, casi mitológicas—, sino que lo utiliza para explorar la fragilidad de la vida y la persistencia del deseo frente a la destrucción. "Hiroshima es sinónimo de Nouvelle Vague / una bahía ciega que poetiza la belleza / y desgarra cual cirujano los amores" (XI), escribe, y en esa imagen convergen el cine de Resnais y la poesía de la posguerra, un intento de hallar belleza en las cenizas.

El cuerpo y el deseo: una poética de la carne

Uno de los aspectos que más me interesan de *Cuadernos de Hiroshima* es su tratamiento del cuerpo y el deseo, abordados con una crudeza que desarma y seduce a partes iguales. Los encuentros sexuales en los *hoteles de amor* —esos templos efímeros del placer— no son solo retratos de la urgencia física, sino metáforas de la búsqueda de conexión en un mundo cada vez más impersonal. "Así de egoísta soy en un Love Hotel / imploro que sientas lo que deseo / pero pido más exijo que te desarropes" (VIII), confiesa Toro, y en esa confesión hay una vulnerabilidad que trasciende el acto carnal. Estos pasajes recuerdan a Charles Bukowski en su brutal honestidad, pero Toro los dota de una dimensión crítica: el sexo, en su poemario, es también un comentario sobre la mercantilización de la intimidad en las sociedades capitalistas. Los *love hotels*, con sus futones desenrollados y sus neones parpadeantes, son microcosmos de un Japón que vende placer como quien vende souvenirs.

Esta poética de la carne se entrelaza con el tema de la pérdida, otro hilo conductor del libro. Los amantes de Toro son cuerpos que se buscan y se despiden, que se aman en la penumbra de un hotel o bajo la lluvia de Tokio, pero que nunca logran anclarse del todo. "Son dos jóvenes sin nada más que hacer / que esa perra insistencia de ver la aurora" (IX), escribe, y en esa imagen hay una melancolía que atraviesa generaciones y geografías. Es la misma melancolía que encontramos en las páginas de Yukio Mishima, cuya prosa, cargada de erotismo y fatalidad, parece susurrar entre los versos de Toro.

Diálogos intertextuales: un estrato erudito

Uno de los mayores logros de *Cuadernos de Hiroshima* es su riqueza intertextual, un tapiz que conecta la tradición universal con la contemporaneidad. Las referencias que salpican el poemario —desde Dante hasta Lorca, desde Cervantes y Kawabata hasta Pasolini— no son meros adornos, sino puentes hacia una conversación más amplia. Cuando Toro escribe "quiero desatar el infierno en el velador del hotel / y que Dante me lleve consigo como su esclavo" (IV), invoca la *Divina Comedia* como un eco de su propio descenso a los infiernos del deseo y la memoria. Y cuando menciona a Lorca en "Tokio de 2036" (XIV), lo hace para lamentar un mundo donde "mil poetas pueden romantizar la naturaleza / pero sólo él ha llegado a este oscuro jardín". Es un homenaje y una crítica, un reconocimiento de la tradición que, al mismo tiempo, se enfrenta a su obsolescencia.

Esta erudición no aliena al lector, sino que lo invita a participar en el diálogo. Toro no escribe desde una torre de marfil, sino desde la calle, desde el vagón de un tren o la cama de un hotel. Su tono, cálido y próximo, nos recuerda que la poesía, incluso la más culta, es un acto de comunión. Como escribió Rilke en sus *Cartas a un joven poeta* (1903-1908), "las cosas no son todas tan comprensibles ni tan expresables como generalmente se nos quiere hacer creer; la mayor parte de los acontecimientos son indecibles". Toro abraza esa indecibilidad, pero la transforma en canto, en un grito que resuena desde Hiroshima hasta Madrid.

Una invitación al lector

Cuadernos de Hiroshima no es un libro fácil, ni pretende serlo. Es un espejo roto que refleja nuestras contradicciones: viajamos para escapar, amamos para no estar solos, destruimos para luego añorar. Pero en esa dificultad radica su grandeza. José Toro nos ofrece una poética del desarraigo y la pasión, una reflexión sobre lo que significa ser humano en un mundo que oscila entre la belleza y el abismo. Al cerrar estas páginas, uno no puede evitar sentir que ha recorrido un camino largo y accidentado, pero también necesario. Como él mismo escribe en el penúltimo poema: "Abandóname esta noche solo / sol quiero verte salir y contar / sólo que importa más la estética / que el mensaje oh cántico" (LII). Que estas palabras sean una invitación a perderse en su universo, a habitar sus ruinas y a encontrar, quizás, un destello de luz entre los escombros.

Finca Primavera, Cáceres, febrero de 2025

CUADERNOS DE HIROSHIMA

LOVE HOTEL KYOTO

I

Aquí estoy en Kyoto aunque pienso en ti
tomé amor un vuelo y si decido escribirte
o enviarte una tarjeta postal es mi deseo
describirte la ciudad desolada está
Kyoto casi vacía
tirada entre riberas y abrasada por el sol
profanada por turistas que pasean sin saber
distinguir un olivo de un cedro
una ráfaga de un mal viento
me he quedado solo amado
mientras su maquillaje se desvanecía
puerto a puerto Kyoto fue imperial infierno
y no se distingue mi apartahotel de un burdel
mucho más allá de tu este curioso destino éste
y esté o no en la edad de la juventud o nostalgia
cuando recibía bien abierta a amantes
marineros credos e ineptos gobernantes
ávida de placeres con afeites y malaquita
era sabia consumidora de grandes penes y
coño a mí no me engañaron sus disfraces
de grandeza frágil igual que una mariposa
todo es decrépito y cruje todo es una larva
interna la conocí nada más pisarla se parece
a ti en muchas cosas es igual a mí
recuerda a la virgen engullida por Éfeso
carnal y eterna

por la broma de morir en una ciudad tan cruel
la conocí tan pronto puse un pie sobre los vestigios
de sus disfraces de doncella y sucia ánima
una enorme tierra de jardínes castrados
¿no te parece atroz mutilar a los árboles?
los bonsáis representan la domesticada naturaleza
estoy sudado por Kyoto y sus extraños verdes
en alguna ocasión no era el único
que había desvelado su rostro lascivo
y el viento que sólo es
aire lleno de pústulas que me acaricia
infecta los cedros y los deseos
de viento arroz verde y semen seco
aún llevo en mi mejilla tu recuerdo.

II

Kyoto no queda lejos de Troya
pero es mucho más antigua
y preferiría no encontrarme
con el fantasma de Aquiles
a veces te imagino desnudo
como Patroclo.

III

Todo me impacta a los ojos
como la luz que para el tiempo
como la lluvia golpea el cristal
quizá la ruina tal vez
los fotones al ralentí
como cometas presagian el fin
como neones anuncian la noche
quizá el caos tal vez
bares para contemplar el alma
todo me impacta a los ojos
como extiendo recuerdos en las sábanas
como un perro olisquea su ano
muerdo el cabello quizá vejez
que hace más canas a mi semblante
rastro vivo en hoteles de estación
para no pensar en cosas definitivas
para no pensar en ti estoy solo
al despertar por la mañana
todo me golpea a los ojos
no es tu hogar es otro lugar
otro hotel con toallas para robar
salgo al pasillo
donde nada se retiene
ni susurro mi amor ni perro
pero no necesito cambiar las sábanas.

IV

Un terremoto de magnitud siete agita la metrópoli
en un océano del subsuelo tengo poco tiempo
si los edificios se hunden todo podría desaparecer

hasta que todo cesa nadie abandona el refugio
los habitantes acogen el temblor con naturalidad
igual que un niño baja unas escaleras corriendo

porque todo forma parte de la existencia humana
el último verano el último libro el último café
y todos llevamos un sueño de pérdida dentro

y no quiero estar solo no quiero morir te imploro
quiero desatar el infierno en el velador del hotel
y que Dante me lleve consigo como su esclavo.

V

Don Quijote es un bazar que vende cuchillas
estrígil y espuma de afeitar para el rostro un ser
que nunca será una biblioteca de cuarenta millones
de pobres clientes lo devoran todo nunca hay suficiente
consumo son los días importuno tumulto que deambula
de tienda en tienda con la última llamada por megafonía
os advierto que no hallaréis posadas en Japón
don Quijote es un almacén donde tuvieron a bien
cambiar los textos científicos por masturbadores
y las obras literarias por Dulcineas sintéticas
rectifico mi primera introspección
don Quijote es un zoco de pies cansados
después de haberme intoxicado con la dosis precisa
consumo para no pensar en cosas definitivas no compro
me vendo en una gran fachada del ser.

VI

Era domingo por la noche a las ocho
yacía junto a ti igual que Eguchi
a tu lado era un cuarto oscuro
el amor
era una sauna para llorar el abandono
tú lucías hermoso aunque olvidado
como duerme en un anticuario
la juventud
exhibida para un anciano era el final
de la semana entre el agua sucia purificas
tu cuerpo desnudo entre otro y otro y otro
como las hojas
en una alberca era el deseo me hubiera
o hubiese yo haberme intercambiado
confesarme a través de un *glory hole*
bañarme
para nada o nadar amé y sigo sin purificarme
en la sauna donde conviven amores de sótano
y filósofos enamorados en jardines incómodos
los bellos durmientes y los vellos
esperan el Renacimiento si me acaricias
me erizo y si metes tu hedor en mi boca
Miguel Ángel te llamaré.

VII

Shinjuku a las diez exhala vapor de noche
neblina de sake cerveza y aliento humano
se agolpan los hombres deschaquetados
frente las barras de madera plastificada
mientras las camareras se esmeran
por pasar de la cocina a las mesas
sobre el espectáculo pasa cada tres minutos
un tren con almas que circunvala Tokio
el humo de noche suspiro
la lluvia que aparece cada tres minutos
pero no llega a calar se diluye en la fumarada
capa de grasa comestible telarañas y farolillos
que serpentean las vías del ferrocarril aéreo
y los bares bajo las vigas que las sustentan
no hay tristeza tampoco astros veo vapor
subterráneo por donde corren cucarachas
que ocupan su lugar no hay humanidad
de noche de cigarras penumbra cigarros
es un ritual metódico y mecánico fumar
necesidad para esas incontables almas
y que tengan el valor de volver solas
a casa quizá a un love hotel
y sucumbir sobre el futón desenrollado
un rito nocturno que juega con el calor
el desamor y la humedad de agosto
se repite durante el resto del año

aunque el frío cambie la atmósfera
la esencia es la misma
vapor.

VIII

Así de egoísta soy en un Love Hotel
imploro que sientas lo que deseo
pero pido más exijo que te desarropes
chillo como un frágil pájaro
que no encuentra su nido
pío como un gorrión pide
migajas de pan que lanzas
a la cara sin mesura
arrojándome cada uno de tus trapos
pringados de angustia risas olores
hasta verte desprendido de tu ropa
degusto cada una de tus satisfacciones
extirpo como un ave se purga
con el único brillo de tus ojos añadido
quitándote la gafas
por si me cruzo con tu mirada
eso es todo lo que anhelo
hogar tengo cama también pero
hoy clamo demando exijo perro
que despiertes en mí animal entero
y no a medias pagues la habitación.

IX

Son dos jóvenes sin nada más que hacer
que esa perra insistencia de ver la aurora
él viste pantalón gris camisa blanca
ella falda rosa palo blusa negra

y la manera en que preguntan sus ojos
porque todo en ella son neones
él acaricia un no en el bolsillo
sabe que la relación está vacía

y huían sus labios difíciles de besar
todo ella es viento en miniatura
se aturulla a través de tanta saliva
y paladea su lápiz labial

y antros que recorren noche tras noche
deseando un amor con estilo de karaoke
derrochando su lucha por mantenerse
juntos y que ya no hay argumentos.

X

De ciudades con tripas abiertas
de eso va Tokio y su triste luz
un triste dos tristes tres tristes
sin apartar la mirada del suelo
es tan alta la ciudad el cielo
que jamás verás sus ángeles
ni un triste dos tristes tres tristes
firmamentos
no es Tokio ciudad de claridad
tampoco de cloacas es de píxeles
deseando un vientre de buenas noches
a manera de beso desvirtuado turbio
una alcantarilla donde chupo la humanidad
escupo tu esencia y se llenan las tuberías
tus jugos tus fluidos tus sueños
no hay papeleras no hay basura
ni salmos ni papeles de instrucciones
no hay pañales no hay pañuelos
deseando un vientre de buenas noches
a manera de beso desvirtuado turbio
y otro trago desenfocado más.

XI

Hiroshima es sinónimo de *Nouvelle Vague*
una bahía ciega que poetiza la belleza
y desgarra cual cirujano los amores
se cauterizan con betadine y pintalabios

Hiroshima es luto blanco y dama
de noche donde todo está cubierto
los edificios por el duelo también el cine
y en la bruma tragué un botín de jazmines

analepsis y ángeles en el cine de verano
Hiroshima te recuerdo la primera vez
la emoción prendida a los ojos era amor
si te rozaba al coger palomitas con los dedos.

despedirse
herirse

ruinseñor

novios de un día   príncipes azules   bellos durmientes

deseo sos

h
ola

método práctico

amoR
Roma

ENOLA GAY ES UN PÁJARO

XII

Conduzco
un auto sin fe
asciendo
con música acelerada
carretera Fujiyama.

XIII

No fue Goethe quien me atrajo a Japón
no fue Santa Teresa sino Isabella Bird
ni Homero ni Joyce ni Kerouac me inspiraron
el viaje sin argumentos deseo
una exploración con mosquitos e insectos
experimentando las incomodidades de Egeria
la histeria de los metros los hoteles volver
no a casa quiero comprar una postal y apostarme
con alguien acostarme en otra cama quiero
dormir un poco después de follar y la experiencia
incomprensible de envejecer por inercia
y amar sabiendo que no hay eternidad
más duradera que aquel fugaz verano.

XIV

Viajamos en el tiempo al Tokio de 2036
donde se siente el abandono sentimental y el crac
del corazón inicio de la depresión la caída de la República
Lorca padece al ver que nadie recita una copla
mil poetas pueden romantizar la naturaleza
pero sólo él ha llegado a este oscuro jardín
y reflexiona qué hermoso sería perecer aquí
en esta babilonia de bonsáis quiero colgarme
ahorcarme no quiero la virtud sino la vileza
amarte entre la maleza quizá las aves escuchen
la velocidad de tu respiración no era ahogarse
ni quitarse la ropa para hacer el amor llorar
a veces de gozo igual que un papel en el barro
nada Lorca en un charco no es nada Geisha
nacida en Granada provincia de la extrema nada
a la derecha de Casandra entre rascacielos viajamos
el desamparo ante el volcán Fuji la consola de los amantes
juegan los pájaros al otro lado del santuario de Meiji
¿es acaso una despedida? con su melodía de ataque
al filo de la muerte los autómatas lejos del ser
entre las moscas y los artistas contemporáneos
occidentales viejos orientales familias amantes
llegan hasta aquí para contemplar el bombardeo
del *hanami* pero tú sólo admiras los charcos.

XV

El turismo es la consecuencia metafísica de la mortalidad
las azafatas brillan cual luces led en el vasto cielo cuántico
entre vajilla de plástico y almuerzos exentos de lujo
los turistas despojan al vuelo de su majestuosidad

igual que una gaviota entre crema solar y cachivaches
los niños comen sándwiches fantaseando con la mar
y las madres miran en balde porque perdieron su sueño
incontables veces la tristeza de no poder levantar el vuelo

y saltar Penélope la espera no tiene ninguna elegancia
si te hallas abandonada en una isla del Pacífico
o con un horrible vestido de noche todo está incluido
menos esperarte hace falta para adorar algo más

hubiera sido más fácil aceptar que Ícaro jamás
se aventuró cerca del sol sentado dejó transcurrir
el tiempo y las ganas de mear o sólo quiso llorar
donde todo adquiere el semblante de una infravivienda

salvo la montaña nada es épico nada es Ítaca querido
ningún pasajero sea Chopin Fiodor o Lluis Salvador
cual príncipes que nunca despegaron al Jet Stream
el turismo es una huida sobre todo una mundana heredad.

XVI

Los hombres vuelan sin voluntad ni épica
de una cultura que descuartiza pájaros
nadie repara en el motor ni en el magnicidio
cuando un jumbo Boeing tritura a un dios pagano.

XVII

No hay nada que comprender en el viaje final
amar como Eguchi su más profunda visión
a dos pasos de la muerte y ocho mil pies
mendigas miradas adolescentes con 70 años
almuerzas la predisposición a una enfermedad
y galanteas con la muerte que resulta vehemente
pides hielo y bourbon a un joven azafato
sientes el infierno de la troposfera
eres un caballero que perdiste tu jerarquía
en algún momento tu cama también
los azafatos te tratan con excelencia
y desembarcas en el último verano
que te hace daño siempre lleno de despedidas
el verano pálido la nostalgia del hotel
el resplandor amarillo como Kubrick
filmaría que ya es demasiado tarde.

XVIII

No sé quien es más estéril si el hombre o Dios
si el cielo es un campo de concentración
donde las nubes esperan con resignación
o quizá un falso ángel azul de síntesis química
una prórroga a la llegada del agujero negro
las nubes no pueden más con más partículas
¿qué hay dentro de vosotras?
¿qué secretos ocultáis tras ese velo?
cúmulos sin agua que está por llegar
sin sueños y el clima que está por arreglar
nimbos de todas las quimeras y la ilusión
de volver de nuevo un día a casa bajo la lluvia
riendo como descarrilan los ríos es
una triste tarea si vuelvo a casa seco lloro
con las manos en los bolsillos anulo
esa tentación de andar también sin fe.

XIX

Nacer sintoísta
casarse católico
morir budista
qué pereza
la reencarnación
prefiero
ser infiel
un poco místico
santa Teresa ser.

XX

Despierta son las ocho y cuarto
Paul Tibbets levanta las tres esencias de la vida
una madre que despunta más alta que el alba
con el rostro maquillado y el horno despierto
despierta un padre más hundido que los demás
que encontraba consuelo en los western americanos
parece un hogar paradisiaco de Illinois
mas es una chabola del primer mundo
son las ocho y cuarto despierta
Paul Tibbets los amores se han marchado
¿te acuerdas de la pecosa Vecky y su aparato?
la devota Vecky al cine con aliento a plomo
siempre tuviste puntería cuando disparabas
besos rasgabas sueños bateabas Paul este yanqui
que al avión llama Enola Gay hoy rememora
era mamá preparando un pastel de hongos
era fisión robarte un beso en la oscuridad del cine
y dijeron que equivalía a encender la luz
nuclear era papá un árbol de Navidad en agosto
desintegradas alrededor las familias el infierno
despierta
son las ocho y cuarto.

XXI

En el mundo pasan cosas es horrible Israel
donde la franja se llena de niños asesinados
a este ritmo ¿cómo no pensar en el holocausto?

Jesús ha sido desahuciado de la cruz
en este bosque de los suicidas olvida
que el espíritu se aloja en un *bed*

and breakfast ya hierve la esperanza
proporciona preservativos y café
tomamos ansiolíticos añoramos

trastornos en el mundo se publican
en Internet vaticinan que voy a morir
pronto el dolor aparece en el motor de búsqueda

hoy seremos condenados en grado extremo
Tennesee aprueba un decreto supratemporal
y somete a juicio las bibliotecas

los volúmenes serán purgados
desde EEUU a Japón presenciarás
no una historia una borrasca de incendios

serán la mayoría de los libros
un nuevo combustible que quemarán
los coches en sustitución del petróleo.

XXII

Somos los mismos antes y después de viajar
aunque con diferentes y varias vestiduras
nuestras espaldas soportan una gran carga
mochilas llenas de imperecederos instantes
para qué aligerar si la esencia es la misma
si tenemos la habilidad de marcar a fuego
cosas que creíamos haber soñado
pero están ahí
entre la cadena de ADN y una cinta transportadora
ahí queda el olor de Japón y los *narcojardines*
donde Little Boy tiene plumas come artrópodos
y reclama su dominio en los nichos del gingko
la capacidad de atravesar la línea del tiempo y
la habilidad de recordar a pesar de todo
bien y cuando nos da la gana de que somos
los mismos al final sin encontrarnos.

XXIII

Había un vasallo soy yo un esclavo
el ilota de los pisos sin matrimonio
el soltero que tiene salud débil

el que descuida sus trabajos domésticos
complexión delgada plancha espera
que huele a *Loewe* y ceniza y termina...

el trabajo para que mi soberano tenga
tiempo pueda viajar pasear lea sude
jazz como un esclavo que respira algo...

de amor mientras otro lava cocina
se excede disimula la esclavitud
y predisposición para la poesía.

XXIV

Fat Man es mi hermano segundón
al que dan más de 4.000 años de radioactividad
y adicto perdido a la música Charles Sweeney
es mi hermano mensajero de la hecatombe
con nombre de *war dance* rockero
que gritas un segundo que clamas
como un cordero de Dios ay
cuándo descubriste antes el desaliento
que la esperanza en un whisky
un brindis consanguíneo leal ideológico
no te admiten si asistes al primer bar
te encuentras solo en el hangar sólo
cuando cumples las pesadillas
abriendo las botellas
abriendo el melón
abriendo una bomba
con la intención de acabar con la inocencia
y ronda eterna de reencarnaciones.

XXV

Hay veranos que vuelvo al pueblo
entre viaje y viaje entre vuelo y vuelvo
como las golondrinas a las madrigueras
me encuentro cada vez más podrido
el viejo nido de mis columpios tirado.

XXVI

Verás luciérnagas y ciénagas
esa es la colección de pantanos
y pesadillas que te fascinan
navegas por algo más que un sueño
igual que las flores brotan en la mierda
creces por algo más que un capricho.

asciendo
con
buena
música

sa
na

éXtasis
seXista

Agosto abre la recepción de desaparecidos.
Haznos llegar tu obra.

No deberías introducir información confidencial en este sitio

little boy, little boy, little boy, little longer

III
III
Lorca
caLor
Lorca
caLor

EL PABELLÓN DE ORO

XXVII

Seguiré dando falso brillo a mi pabellón de oro en el vergel
todo se asfixia entre el canto de una jaula y mis añejas flores

soy la epidemia de un huerto las plantas rinden culto a Dios
percibo el lamento de los jacintos el musgo y los crisantemos

soy esclava de la estética y las finanzas me dedico a la devastación
mi proyecto de cinco estrellas es la biblioteca convertida en
[alojamiento

la Rosa de Tokio propaga el apocalipsis en cada maceta y terraza
cualquier persona tiene que llevar mascarilla si quiere apreciar su
[fragancia.

XXVIII

No hay infancia inmune a los privilegios
no basta la soledad aburrida en un colegio
cuando sonaba a las doce aquella sirena
os echaba al recreo
no sois tan diferentes niños de Ohio
a los de Ueno cuando sentís el viento
guardián del silencio y en vano notáis
cómo regresan migajas de ti con el aire
lloriqueáis cuando os dan una paliza
los árboles contribuyen con sus hojas
al caer y caen los golpes nos hacen cautos
cuando no cobardes hormigas y migajas
de ti los niños escupen siempre a los débiles
bocadillos «¿Dios, pero qué hemos hecho?»
alguien proclama en medio de la pandilla
Dios mismo no hubiera resistido el colegio
cuando escucho sirenas me recuerdan a...

XXIX

En mi ventana yacen pájaros sin vida
hay revueltas juveniles populismos autoritarios
los malcriados del sistema que todo lo merecen
de toda democracia que resuena de forma distinta
entre sorber lo que queda de la cerveza
un *neohimno*
y quedan fuerzas para entonar una más
rompen los botellines y preguntan muñeca
por dónde sangran tus sueños es el momento
de cortar las manos o bailar con un revólver
revolver a Voltaire y matar la tolerancia pues
los jóvenes
son neológicos
neoliberales
neodarwinistas
neolíticos.

XXX

Quiero que me aclares el trayecto
si en caso de viaje voy a casa
o regreso o realizo turismo
o me lanzo a la aventura o por la ventana.

XXXI

La democracia juvenil está llena
de niños neoliberales en patinetes
y novias cómplices de derechas
damiselas orientales petimetres
futuros hombres de negocios
los que cantan el *Imagine* con idolatría
en un karaoke ya ni los cánticos
suenan a desengaño jamás a esperanza
a oídio en el oído olor a pulgones
los niños neoliberales deshonran
el jardín de sus novias perfumadas
y transforman las heces en otro Versalles.

XXXII

Los obreros trajeados parecen cucarachas
supervivientes de una bomba nuclear
todas las noches emergen igual que un verano
una mala cámara o nula creatividad
Japón ha sido fotografiada tres veces
Little Boy Fat Man a la salida del trabajo.

XXXIII

Ciudad es palabra tan afectiva como lluvia
pero es el momento de los rascacielos
quedarse atrapado en el siglo XXI
o en un ascensor contener el aire
mientras rozas los dedos con soledad
y sientes minimalista el ahogo
en una gota la lluvia en una gotera el cielo.

XXXIV

La primera imagen que me brinda Shinjuku
miles de almas bajo el ayuntamiento
y no pronuncian ni un mendigo murmullo
miles de olvidados bajo un puente
y no juntan ni un arroyo
no me siento especialmente humano
cuando camino a su lado abuso de frialdad
y risa a ratos perdida mi identidad pienso
en el fondo del puente soy yo
y pasamos el tiempo
y pasan los sueños
y pasamos al lado
sólo comprendo los que lo han perdido todo
son fuertes amigos gloria honor vida trabajo
y débiles son los egoístas y egocéntricos.

XXXV

No voy a crearme una nueva religión
me gusta la mía con los dioses caídos
bajo algún puente o sentados en un tren
me gusta el azafrán de mis bibliotecas
y el cambio del color de las fotografías
retro y reto a la muerte
me da igual la gente joven
también sus referentes morirán
también se pondrán gafas de sol
de noche el mundo no es igual
desde que murió Pasolini
y Mastroianni utiliza gafas bifocales
Roma se volvió choni y Europa
ha envejecido mal también Oriente
Buda será crucificado en este cruce
hay belleza en el ocaso
pero no voy a crearme un camino
ni un I.N.R.I. nuevo.

ardo

rosa

neo

emperapredicador

mperacicatriz

dios no puedes pararlo

no puedes pararlo dios

¿Qué se hace cuando entras?
¿Qué se hace cuando sales?

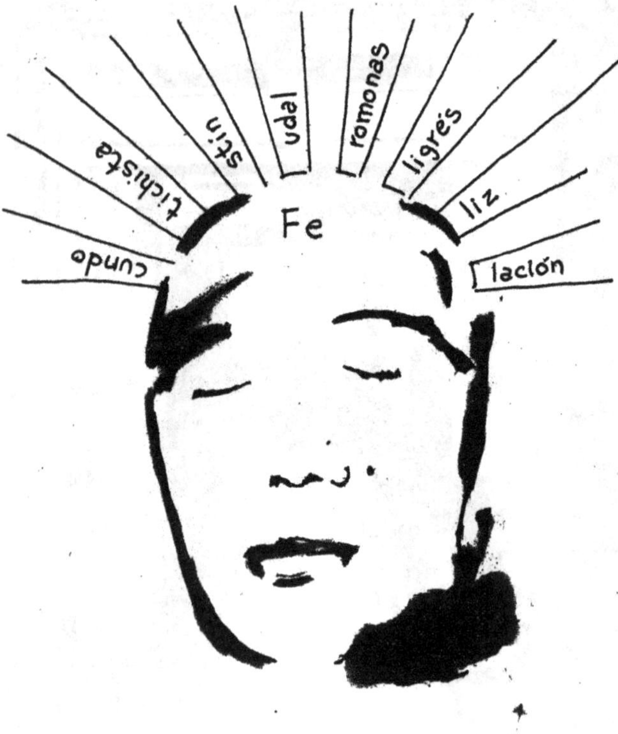

cundo
tichista
stin
udal
Fe
romonas
ligrés
liz
laclón

HORTENSIAS SALVAJES

XXXVI

Frente a la orilla
contemplas manojos
y ojos de luciérnagas.

XXXVII

El camino de la filosofía está concurrido por turistas
nadie oye una reflexión sólo el clic de las cámaras

mi padre me enseñó a distinguir los sonidos de las aves
y diferenciar a los gorriones de las guarderías

los jardines de infancia están en peligro de extinción
fabrican sus nidos con pelos de androides y plásticos.

XXXVIII

En esa pequeña playa de Iki me deslicé
entre olas de mugre y aceite jugaba con la basura
celeste buceé entre la escoria humana y las pulgas
de mar buscando un pequeña fortuna y encontré
una revista de plástico salpicó mis ojos rojos
al abrirlos en el agua un concierto de peces.

XXXIX

Y además claro estaba el verano
donde las hortensias crecen salvajes
y claro estaba Nikko y el cielo caído
en Hiroshima recuerdo que estaba vivo
un gingko biloba comprendo por qué
resucita y un hombre recita a Kawabata
claro que *los cedros son tan altos*
rectos y bellos que uno quiere vivir
como ellos claro que uno querría ser
un árbol y no un hongo en las heridas
de un tocón nuclear o la enfermedad
que habita en las uñas de los pies
subo una muralla cansado y dolorido
mientras el viento sopla húmedo
y carga de nubes las montañas
en penumbra mis pulmones
se llenan de esporas
y sorpresas
y claro que podría ser cáncer
y morir ahora en los templos de origami
ligeros como el papel donde escribo
porque Dios mío claro que desconozco la fe
en templos vacíos de recompensa eterna
si están llenos de turistas u hombres
que querrían hacerse una foto contigo
pero claro que las almas irán todas

a un mismo lugar sin juicio previo
al abismo de Kanmangafuchi
donde un río de infierno fluye claro
y claro que tengo sed
pobre alma mía
que sólo te ofrezco mi saliva.

XL

Las nubes hicieron presencia en un mar agitado
la estampa de la gran ola de Kanagawa y el Fuji
de Hokusai se fundieron en rojo
es tiempo de quemarse en tu propio azufre
es tiempo de preguntarse en la lava
¿qué es lo que alberga esa simpleza
como no he visto en ninguna montaña?
en este *ukiyo* conviven burdeles y ratas
transmiten una epidemia de ladillas
como el perro lame la sarna
o el francotirador fondea el lupanar
y acaricia el pubis de su ciervo muerto
como un cefalópodo que busca la mar
en las alcantarillas en las cloacas
ahí también se pescan sueños y versos
sólo las casas de té me han ayudado
a burlar el tiempo en los días que el cielo
estaba cubierto de inmundicia y polución
pero no puede uno beberse el mundo
sin apreciar la lluvia ácida mojarse
las mejillas con los malos besos
¿te has dejado lamer por ellos?

XLI

Memento mori una estación de servicio
está rodeada de larvas huele a café
presencia policial y la luz es verde
allí donde Edipo no se arranca los ojos
los cuelga de una rama de éstos árboles
los hijos han dado plantón a sus madres
memento mori recuerda el bosque de los suicidas
aquí donde ni si quiera anidan los pájaros
¿los árboles también piensan en suicidarse?
memento mori según un estudio de la universidad
rey Juan Carlos I todos vamos a morir
memento mori espera dame un momento...

XLII

Hay bosques que huelen a alcohol
matorrales que huelen a dormitorios
entre niebla verde cabellos olvidados.

XLIII

Circula aire tropical en el sur agita
la vegetación reducida a hawaianas
hay coches pobres chanclas y perros
los futones se tienden por la ventana
y pienso en el aire sureño de la vida
las calles se llenan de madres ancianas
hijos delgados y maridos panzurrones
el verano permanece en el sur
sereno este clima apacible mi vista
se va el verano
hoy mis ojos un rebaño de nubes
sin embargo no son ellos los que se nublan
no
soy yo el que se aleja.

XLIV

Frente al mar cansado soñé
que salía *Gotzilla* de esta playa
en su lugar flotando apareció
un mensaje en una botella
no sé lo que decía
quizá esperanza
pero me la bebí entera.

XLV

Si palpo tu pecho
primero nieve
leche después
barro.

XLVI

Los mosquitos chupan marcas de supermercado
parecen ruiseñores en los hedores de los brazos
el sucio canto marca la llegada del último verano.

XLVII

Todas las abejas celestes
en sus cuevas
se volvieron impuras
a unos daban miel
y a otros cáncer.

XLVIII

Las máquinas rezan
en la era de los humanos
prefiero la inteligencia artificial.

XLIX

Rastros del eco
he conseguido
reconocerte eres
cortina sin dormitorio.

L

¿Has visto explotar
la sabiduría en la flor
de un cerezo?

LI

Artesanos de la cerámica
diseñadores neoyorkinos
windsurferos californianos
traídos por el viento o la Visa
escritores del medio oeste
todavía a medias estudiantes
oficinistas de Ginza mendigos
que fumáis adolescentes malos
de Ueno pilotos de vuelos
turistas de los templos
enamorados de los cerezos
en flor
sabed que los árboles explotan de vida
no es cuestión de misterio la naturaleza
aunque no seáis dignos del espectáculo.

LII

Abandóname esta noche solo
sol quiero verte salir y contar
sólo que importa más la estética
que el mensaje oh cántico.

haiku

des arraigo

definir-irse

rezar

azar

hydrangea Kagoshima

lo llaman vida

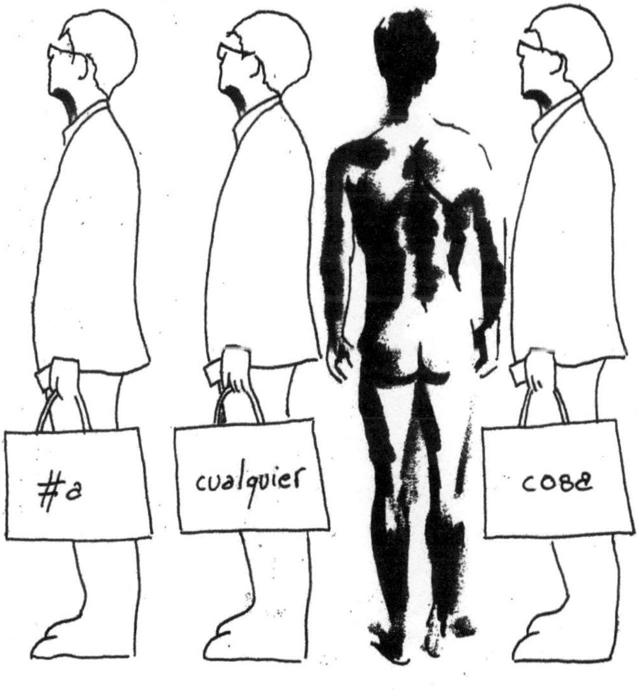

ÍNDICE

Sobre el autor 7
Sol quiero verte salir por Raúl Alonso . . . 9
Influencias y contextos: un viajero entre generaciones 10
El viaje como eje temático:físico, metafórico y existencial. 11
El cuerpo y el deseo: una poética de la carne 12
Diálogos intertextuales: un estrato erudito. 13
Una invitación al lector 14

CUADERNOS DE HIROSHIMA

LOVE HOTEL KYOTO 17
I. 19
II 21
III 22
IV 23
V 24
VI 25
VII 26
VIII 28
IX 29
X 30
XI 31

ENOLA GAY ES UN PÁJARO 39
XII 41
XIII 42
XIV 43
XV 44
XVI 45
XVII 46
XVIII 47
XIX 48
XX 49
XXI 50
XXII 51
XXIII 52
XXIV 53
XXV 54
XXVI 55
EL PABELLÓN DE ORO 63
XXVII 65
XXVIII 66
XXIX 67
XXX 68
XXXI 69
XXXII 70
XXXIII 71
XXXIV 72
XXXV 73

HORTENSIAS SALVAJES 81
XXXVI 83
XXXVII 84
XXXVIII 85
XXXIX 86
XL 88
XLI 89
XLII 90
XLIII 91
XLIV 92
XLV 93
XLVI 94
XLVII 95
XLVIII 96
XLIX 97
L 98
LI 99
LII 100

Cuadernos de Hiroshima
de José Toro,
compuesto con tipos Montserrat en créditos
y portadillas, y DGP en el resto de las tripas,
maquetado bajo el cuidado de Daniel Vera,
y con la aprobación de Raúl Alonso
como editor de mesa de la obra,
se terminó de imprimir
el 20 de abril de 2025,
como empezaba la carta de Celtas Cortos
fechada 35 años atrás.

LAUS DEO

木曾海道六拾九次之内
塩なた
廣重画